O Livro das Pedras
Luiza Leite Ferreira

cacha
lote

O Livro das Pedras

Luiza Leite Ferreira

PREFÁCIO   9

I. MURRO EM PONTA DE FACA

DAR OUVIDOS À CACOFONIA	15
PEGADAS	16
ESTRANGEIRA	17
APENAS O VAZIO	18
EXERCÍCIO	19
AOS OLHOS DO MESTRE	21
DEVER	22
SEXTOU	24
VALE A PENA VER DE NOVO	25
LISBELA	26
ESTRAGO	27
MURRO EM PONTA DE FACA	28
PRECE	29
REMENDO	30
TELEOBJETIVA	31
FAÍSCA	32
O LIVRO DAS PEDRAS	33

II. ÁGUA MOLE EM PEDRA DURA

TRÍPTICO DA MELANCOLIA	37
GELEIRA	40
ÁGUA MOLE, PEDRA DURA	41
SEDE	42
UM BURACO NO MEU PEITO	43
LEITE DERRAMADO	44
SOLUÇÃO	45
POESIA	46
SETE ONDAS	47
NÁIADE	48
TEIMA	49
MARÉ	50
LASTRO	51
TESOURO II	52
VISITA	53
MOFO	54
SEM QUALQUER PROTEÇÃO	55
ESTA É MINHA CARTA PARA O MUNDO	56

III. LEITE DE PEDRA

LUIZA	61
GAVETA	62
UTILIDADE	63
À ESPREITA	64
DESTINO	65
ONDE ENXERGO POESIA	66
NÃO ENTRE EM PÂNICO	67
MISTURAS (2022)	68
TENTE OUTRA VEZ	69
A CIGARRA E A FORMIGA	70
JORNADA	71
MÚSICA	72
MEL	73
NARRADORA	74
A PEDRA DA POESIA	75
O MUNDO	76
TEM CONSERTO	77
PROCURO	78
NÔMADE	79
LIMITES	80
PERFIL	81
QUANTO VALE ESSE POEMA	82

PREFÁCIO

Logo que terminei de ler *O Livro das Pedras*, saí e botei uma música no aleatório. Tocou logo essa: *não me diga que esse amor é como um sonho/ pois os sonhos acabam de manhã/ eu tenho que acordar/ força bruta*. É isso, pensei. Ou melhor: é esse o paradoxo que costura este livro, uma sonhadora que precisa acordar e acorda, para sonhar de novo, porque o que ela gosta é de sonhar — transformar o dano em poesia e procrastinar, se perder... até acordar de novo.

A sonhadora em conflito repete muitas vezes a imagem da *ponta da faca que esmurra*. Seu corpo é a própria criação que se derrama tantas vezes — dissolve, derrete, se desfaz — e ressurge no poema seguinte. Ela brinca com ideias, nota sorrateiramente o tempo inteiro que ao responder "não tenho palavras", o locutor tem palavras. Assim, ela faz os poemas sobre não fazer poesia e, ao mesmo tempo, sobre não ter outra opção a não ser escrever.

É estranho perguntar a um músico sua nota musical preferida. A canção é composta dos contrastes entre cada nota, daí o sentimento, a beleza. *O Livro das Pedras* tem muita água e cada pedra é contornada com delicadeza até que *se desmancha a dureza do tempo*. A força bruta de Luiza é muito diferente da de Jorge Ben Jor, ressignifica os ruídos, as pedras no caminho. Permite sonhar.

Luiza Leite Ferreira escreve e compõe o mundo nas suas próprias criações, enquanto se perde — derramando-se em recipientes insuficientes, tomando um chá com a própria inspiração. Avançar é a melhor forma de voltar: nas palavras dela, *buscar o caminho de volta/ para encontrá-lo onde sempre esteve.*

Isto é, no final, temos sempre alguém: nós mesmos. Luiza vê o mundo e ela é o mundo que é visto pelos outros. Tem um nome, este livro é mais que uma coletânea de poemas, está em estantes pelo próprio mundo. Além, é claro, de ter outras utilidades práticas, como ela mesma aponta.

Nos versos que seguem, o caminho das pedras é pela água.

danilo crespo

I.

MURRO EM PONTA DE FACA

De vez em quando Deus me tira a poesia.
Olho pedra, vejo pedra mesmo.

Adélia Prado, *Paixão*, em *O coração disparado*

DAR OUVIDOS À CACOFONIA

Tudo aquilo que eu não grito
coloco em versos desleixados
com alguma rima, algum estilo
algum capricho, uma harmonia

Para dar ouvidos à cacofonia
para dar voz ao silêncio
para dar eco ao sussurro
para encontrar poesia
na ponta da faca que esmurro

PEGADAS

Traço um caminho
nunca trilhado
por meus antepassados

Com muito esforço
tento alcançar passos largos
para ver que meus rastros
mal marcam o chão

ESTRANGEIRA

Estar em sala de aula
parece estranho depois de dez anos
como se sentar em cadeira de criança
e tomar chá imaginário
em xícaras de plástico

Me sinto fantasiada
com minhas roupas despojadas
calculadamente estilizadas
para parecer uma estudante
uma mulher adulta que trabalha
duas personalidades
que tento acomodar aos 32 anos

Parece bobagem perder
tanto tempo com a minha imagem
mas é uma ótima forma
de desviar o foco
do que me preocupa
de verdade

APENAS O VAZIO

a partir de Paul Celan e Liv Lagerblad

Escavar apenas o vazio
ignorar o chamado da ave
que pia suave
no mesmo espaço em que quicam a bola
que num só golpe pode matá-la

Escavar apenas o vazio
deixar que os mortos
não passem de nomes nas portas
esquecer que também suaram
e foram açoitados pela boca da noite

Tento esquecer
sigo com vultos sonhados
olhos cor de café
que feito ave de rapina
ou buraco-negro
te engolem sem perguntar seu nome

Renasço nos traços
daquilo que há de me matar
e do que fere, mas não mata
escavar
apenas
o vazio

EXERCÍCIO

Mal risco o papel
e já saio à caça delas
as famigeradas rimas
resisto ao impulso de derramar mel ou pintar um céu
só pra rimar

Então lembro que a poesia
está no ritmo
está no som
está na repetição

Mas o que escrevo ainda não é poesia
tem cara e tem cheiro, mas não é poesia

É só um pré-texto
uma fuga da rotina
um monte de linhas
uma após a outra

Não é poesia
é só um passatempo

Não é poesia
é só perda de tempo

20

Não é poesia
é só um desabafo,
uma pausa, um respiro
enquanto me organizo
para escrever
poesia

AOS OLHOS DO MESTRE

Aos olhos do mestre
nunca serei grande

Não sou inventora de estilos
(só sei inventar amores)

Observações não contam como poesia
(aos olhos do mestre, essas linhas não são poesia)

A boa poesia é demasiado assombrosa e alcançada por poucos
dizem

Ainda assim me entrego a ela
incerta de alcançá-la
ou de ser tocada por ela

Mas ter um espaço
em alguma estante
já é bastante

DEVER

Você devia
pintar o cabelo

Você devia
comer mais frutas

Você devia
fazer ginástica

Você devia
ler este livro

Você devia
ouvir esta música

Você devia
escrever sobre isto

O que me ofende
não é a possibilidade

O que me mata
de verdade

A ponto de querer
torcer o seu pescoço

É essa mania de achar
que eu te devo qualquer coisa

SEXTOU

Abri uma cerveja
e de repente já é sexta
tenho todo o tempo do mundo
para não fazer nada
e me preocupar com tudo
que não estou fazendo

VALE A PENA VER DE NOVO

Dois amantes
se reencontram
anos depois
trocam fotos
confidências
verdades esquecidas
brindam juntos
e seguem caminhos
separados
para esbarrar novamente
em outra esquina

LISBELA

Você me chama com o olhar
e eu te sigo
feito um cachorrinho
é que meu corpo ainda não aprendeu
a se guiar sozinho

ESTRAGO

O tédio é mau conselheiro
me diz o chão do banheiro
relembrando os passos de ontem
enquanto tento juntar meus pedaços

A noite de lua
a caipirinha
o violão
sua boca na minha
a caipirinha, a caipirinha

O táxi empesteado
o pix não planejado
o estrago, o estrago

Um dia perdido
entre a cama e o vaso
o que ficou dessa noite:
o estrago, o estrago

MURRO EM PONTA DE FACA

Depois de tanto tudo
depois de tanto nada
ainda te escrevo
para preencher essa falta

PRECE

Se isso não for amor
então é paixão

Se não for paixão
então é carência

Se não for carência
então é tesão

Se não for tesão
então é dependência

Se não for dependência
então é obsessão

Por favor, por favor
que isso seja
amor

REMENDO

Tenho mania de achar
que tudo tem conserto
como as meias que remendo
com linhas quase idênticas

Por dentro, no entanto
sinto os fiapos do ponto malfeito,
lamento não ser melhor costureira
e às vezes contemplo
me desfazer das meias

TELEOBJETIVA

Teu olhar me captura
como quem me enquadra

O que você não capta
é que não me entende nada

FAÍSCA

A rejeição marca
deixa pequenas cicatrizes
lembretes de imperfeição

A rejeição amarga
estraga o gosto das coisas
faz perder o sabor

A rejeição empaca
o medo de ir ou ficar
não deixa sair do lugar

A rejeição inflama
consome o desejo em chamas
faz o sonho virar pó

Mas em meio à ruína
fica uma faísca

O LIVRO DAS PEDRAS

Talvez o destino
desse caderno
seja o fundo
do armário
dentro de uma caixa
de sapato
velha, poeirenta,
carcomida de traças

Ou debaixo
da cama
ocupada
pela metade

Onde jazem
outros sonhos
sonhados
pela metade

Talvez esse
caderno
termine

II.

ÁGUA MOLE EM PEDRA DURA

Aflição de ser água em meio à terra

Hilda Hilst, *I, Roteiro do silêncio*, em *De amor tenho vivido*

TRÍPTICO DA MELANCOLIA

I.

Melancolia
palavra empoeirada
léxico descartado
resgato e remendo
para costurar num poema
e postar como carta
— outra coisa que já não se usa
mas insisto em
escrever
enviar
sem endereçar
e mesmo sem resposta
sei que encontra destinatário
porque a poesia sempre chega
ainda que a melancolia
por vezes se extravie

II.

Melancolia
mais que apelo à nostalgia
ou exclusividade dos poetas
essa palavra embolorada
patologia renegada
transcende dicionários
define o que não se escreve
expressa o que não se fala
mas transborda do olhar
quando encaramos o espelho
— ou o mar —
por muito tempo

Essa melancolia que escrevo
não é só minha
não é só dos poetas
essa melancolia
é cobertor esburacado
embala a todos
quando nos despimos
de nós

III.

Me perco
todos os dias

Uso minhas tristezas
como estudo

Não tem mistério
na minha poesia

É na melancolia
que eu me desnudo

GELEIRA

Sólida
lúgubre
inamovível

A imagem da
resistência
mas esquece de sua
essência:
fluida
líquida

E quando o impossível acontece
desmorona o seu peso de eras

não desaparece
não evapora
mas retorna

ao seu estado primal
se misturando às águas do passado
inaugurando nova
existência
para continuar a ser
resistência

ÁGUA MOLE, PEDRA DURA

Água mole em pedra dura
contorna sensualmente
a rocha impassível

Água mole em pedra dura
lambe delicadamente
a superfície rígida

Água mole em pedra dura
desmancha pacientemente
a dureza do tempo

SEDE

Essa água que nos banha agora
não é a mesma em que mergulhamos
há tantos anos
nem nós somos os mesmos
que fizeram tantos planos

Mas se nada é como foi
e jamais será novamente
o que é essa sede?

UM BURACO NO MEU PEITO

Tem um buraco no meu peito
vazando o que estava contido

Tem um buraco no meu peito
pulsando para ser preenchido

Tem um buraco no meu peito
me ensinando a viver com o vazio

É o buraco no meu peito
que me faz derramar desse jeito

LEITE DERRAMADO

Se dez cadernos eu tivesse
em dez cadernos derramaria meus versos

Se dez amantes eu tivesse
em dez amantes derramaria meu amor

Porque eu sou feita de qualquer coisa elástica
ou líquida

Que me permite desdobrar e esticar e me repartir
em dez, cem, mil

Mas de nada adianta me derramar
onde não me podem conter

SOLUÇÃO

Ligo o chuveiro
deixo a água correr
sobre o meu corpo
e pouco a pouco
me dissolvo
escorro ralo abaixo
junto com a espuma
escorro rua abaixo
rumo ao esgoto que me esgota
e me desbota e desemboca
no oceano
onde mergulho

E me misturo aos sais
me grudo aos corais
me acumulo nas cracas
dos cascos de cargueiros
e me lanço
contra a corrente
corto as ondas com os dentes
me afogo no naufrágio
do meu frágil corpo dissolvido
no blindex

POESIA

Na penumbra do poema
teus versos me lambem
embaralho estrofes
borro as linhas do pensamento
busco em vão por palavras
que mal capturam
a poesia do momento

e derreto

SETE ONDAS

Pego a última praia do ano
pulo as sete ondas
e mais sete
e mais sete

O mar nos lembra que o fim de uma onda
é apenas o começo de outra

NÁIADE

Cinco tentativas em 35 anos
queimaduras de águas-vivas
e mudanças de planos
uma única meta, um único sonho:
riscar o prefixo de impossível

Quantos litros de água salgada
precisaram ser engolidos
para provar que é doce
escolher o que se faz
com esta única vida selvagem e preciosa

TEIMA

Escrevo, não penso
me arrependo
penso, não falo
lamento

Se me expresso,
me arrependo
se me calo,
lamento

De todo jeito, saio perdendo
melhor continuar escrevendo

MARÉ

A maré cheia me ensina
a não ficar parada
no mesmo lugar

LASTRO

Não me canso dessa vista
não me canso dessas pedras
na alegria e na tristeza
sempre volto para elas

São meu lastro:
o horizonte,
as pedras,
e o mar a mediar esse encontro

TESOURO II

Tenho em mim um tesouro
— um talento
— uma potência
guardado a sete chaves
dentro de uma caverna
lacrada por uma muralha de rochas

A cada conversa
com outras como eu
arranco uma pedrinha
com a unha

VISITA

A inspiração sempre chega
na hora mais inconveniente

Visita inesperada, me toma de assalto
na hora do banho
no meio do trabalho
se impondo até ser atendida

Já tentei:
resistir,
expulsar,
— desisti.

Paro o que for
sirvo-lhe um café
deixo que se acomode
escuto
anoto tudo com cuidado
e quando parte, sem aviso,
retomo a rotina interrompida
me sentindo um pouco mais
preenchida

MOFO

Tirar o mofo impregnado da melancolia
secar ao sol as tristezas acumuladas de uma década
arejar a mente para liberar
as caraminholas que insistem em cavar túneis entre os ouvidos

Sair de casa
ver as mesmas coisas com olhos novos
encontrar beleza no ordinário
buscar o caminho de volta
para encontrá-lo onde sempre esteve
:

SEM QUALQUER PROTEÇÃO

Seu corpo nu ao luar
mergulhando na água escura
ganhando distância
desbravando mistérios

E eu ali na margem
segurando a toalha
te seguindo com o olhar
morrendo de medo
de você se afogar

Não entrei na água essa noite
mas aprendi a lição
certos mergulhos se fazem
sem qualquer proteção

Existo
— não é em vão

Persisto
— há muito chão

Desisto
— é muito não

Insisto
— não sou em vão

III.

LEITE DE PEDRA

Por afrontamento do desejo
insisto na maldade de escrever

Ana Cristina Cesar, *nada, esta espuma,* em *A teus pés*

LUIZA

Gosto do som azulado
da luz que porta meu nome

Como poema
que não explica nada
mas se anuncia:
Luiza

GAVETA

Cartão-fidelidade de restaurante que fechou
carteirinha de locadora que faliu (três)
cartões de visita com números de celular sem o nove na frente
bilhete de biscoito da sorte:
A felicidade é consequência do poder interno e não do sucesso externo

Jogo fora o que não serve
rearranjo as memórias restantes em outra caixa
para redescobrir mais tarde
guardo os números no verso do bilhete do biscoito
um pouco de sucesso externo nunca fez mal a ninguém
06 11 35 16 07 54

UTILIDADE

Toda faca é uma chave de fenda
quando o cabo da panela bambeia

Toda coisa ganha novo uso
quando a necessidade se apresenta

Estas páginas também podem ter outro destino
peso de papel, abano, leitura de banheiro, caderno de anotações

Quem disse que poesia não é útil?

À ESPREITA

O passado
toca a minha campainha
tromba comigo nas esquinas
grita meu nome do outro lado da rua
faz piruetas diante dos meus olhos

Mas eu tranco a porta
desvio o caminho
me finjo de surda
me faço de cega

Sigo meu caminho
sem olhar para trás
o que passou não volta mais
hoje só enxergo o amanhã

Mas o passado fica sempre à espreita,
no olho-mágico
no rabo de olho
atrás da nuca
no terceiro olho

Sempre à espreita para lembrar:
somos a soma de nossos passados
e o hoje vira ontem num piscar de olhos

DESTINO

Esse ônibus
insiste
em me levar até você
resisto
passo do ponto
recalculo a rota
tenho outro destino

No pé na bunda
no amor à primeira vista

No reboco de parede descascando
na solidão compartilhada da hora do rush no transporte público

Nas ondas quebrando na praia
na chuva que lava a calçada

Na pedra do caminho
na flor e no espinho

No beijo não dado
na palavra não dita

No dedo cortado
na farpa arrancada

No leito de morte
no sopro de vida

No fim do mundo
na ponta da faca que esmurro

NÃO ENTRE EM PÂNICO 67

No final do universo tem um restaurante

A resposta da vida, o universo e tudo mais é um múltiplo de sete

A terra que habitamos é praticamente inofensiva
embora não seja mais a mesma depois do reboot

Para voar, basta errar o chão
(sem querer)

É possível viajar no tempo sem viajar no espaço
e viajar no espaço sem viajar no tempo

Os verdadeiros amigos são aqueles que fazemos pelo caminho
(exceto pelos vogons, que não são amigos de ninguém)

Um dia a existência acabará sem que tenhamos descoberto a que se
destina

Vagaremos pelo cosmos como poeira de estrelas
à procura de uma pergunta que já não cabe fazer

MISTURAS (2022)

Tenho medo da solidão
faço misturas com dores e amores
sinto frio em outros braços
a cada momento recuo um passo
sinto calor no ventre da Terra
vejo poesia na cacofonia
e às vezes me perco nas estrelas

TENTE OUTRA VEZ

Vivo com medo do erro
conto os acertos nos dedos
como grandes vitórias
esquecendo que os erros
viram grandes histórias

Um dia desapego das memórias
e me entrego ao azar
sem medo de errar

Cair no erro
talvez seja o grande acerto:
o que vale é tentar

A CIGARRA E A FORMIGA

O coro da cigarra
anunciando o verão
é canto de celebração:
mais um inverno vencido

Já a trilha da formiga
nunca se modifica
seja inverno ou verão
sua vida é ganhar o pão

Se como a formiga
não posso escapar da lida
ao menos o canto da cigarra
me deixa mais motivada

JORNADA

Começar a caminhada
sem saber quando termina

Ter um mapa como guia
e a coragem do improviso

Seguir o norte da bússola
e o instinto do andarilho

Não há jornada perfeita
todas as estradas servem
se você souber onde quer chegar

MÚSICA

Saí para caminhar só
esqueci os fones de ouvido
sem o canto de Caetano
me resta o som dos bem-te-vis

Saí para caminhar só
esqueci os fones de ouvido
sem o veludo de Bethânia
me resta o quebrar das ondas

Saí para caminhar só
esqueci os fones de ouvido
sem os sussurros de Rubel
me restam os murmúrios do vento

Saí para caminhar só
esqueci os fones de ouvido
sem os uivos de Florence
me restam as buzinas dos carros

Saio para caminhar só
e de tanto esquecer os fones de ouvido
aprendo a encontrar música no ruído

MEL

Nenhuma palavra amarga
encontra abrigo nos meus ouvidos

De crítica e aspereza
já bastam as vozes da minha cabeça

Tapo meus ouvidos com cera

Prefiro o zumbido das abelhas
a ouvir de novo essa besteira

De não me querer
nem bem,
nem mal,
nem mel

NARRADORA

Sedução pela língua
a arte de tecer narrativas

Para adiar a alvorada, costuro
palavra por palavra

Noite adentro nesse bordado
de manhã, desfaço
de noite, refaço
pedaço por pedaço

Mil e uma noites de tessitura
não valem a ternura do que pulsa em meu peito
— de manhã estou um caco —
ainda assim
teço

A PEDRA DA POESIA

Nunca caí
nas pedras de Paraty

Nunca escorreguei
nas ladeiras de São João del Rey

Nem cortei o pé
nas pedras de São Tomé

Na pedra da poesia
me lasco todos os dias

O MUNDO

Da minha janela não vejo o mundo
vejo outras janelas,
seus conteúdos preservados por cortinas;
uma quina de quadra poliesportiva;
um triângulo de garagem de prédio comercial;
uma área de serviço;
um pedaço de céu cinza.

Gosto de pôr a cara para fora de vez em quando,
olhar o silêncio das outras janelas,
o vazio da quadra escolar,
a vaga de carro desocupada,
o varal sem roupas penduradas,

E em alguma outra janela,
em algum outro lugar,
alguém olha por ela,
procurando ver o mundo,
e esse mundo sou eu.

TEM CONSERTO

Levei o vestido na costureira
aquele azul, com flores

Ela desfez as costuras
removeu os elásticos gastos
e costurou à máquina
um novo lastex
bem firme

Clarice me lembrou
que certas coisas
têm conserto

PROCURO

Procuro meu nome
onde sei que não me encontro

Não é um exercício fútil
estou estudando o terreno
para um dia me assentar

NÔMADE

Aonde quer que eu vá
carrego minha casa nas costas

Pronta para ficar
livre para partir
num constante ir e vir

Deus me livre criar raízes
quando há tantos caminhos a seguir

LIMITES

Todo poema é um convite
uma carta sem endereço
que sempre chega
a poesia não conhece limites

PERFIL

Tenho 32 anos
muitos cabelos brancos
um peito cheio de desejos
uma cabeça cheia de sonhos
que jorram
por essas páginas
sem rumo certo
certos de serem
meus

QUANTO VALE ESSE POEMA

Se eu calar a minha voz
você vai saber me escutar?
vai ouvir o meu silêncio e encontrar sentido
nas palavras que eu não digo?

Se eu rasgar o meu caderno
você vai buscar nas entrelinhas
dos meus versos rasurados
os meus segredos mais íntimos
meus sentimentos mais ternos?

Se eu perder a minha imagem
no espelho espatifado
você vai saber juntar os meus cacos
e enxergar o meu reflexo?

Já não tenho voz,
já não tenho corpo,
em breve não terei palavras

Me resta um desejo intenso
(uma espécie de amor?)
que não cabe na boca,
não cabe no peito,
não cabe em mil e uma noites
nem nas páginas de um Ulisses

E cabe a você encontrar
e dizer se valeu a pena
tanta vida debruçada
sobre um único poema

AGRADECIMENTOS

À Paula Maria pela leitura, orelha e amizade ao longo do caminho.

A Marcelo e Evelyn da Revista Lira pela sessão de brainstorm para o novo título do livro que me fez largar as facas e enxergar as pedras.

À Casa das Poetas (Carla, Marcela, Marina, Renata e Thaís) pelos deliciosos encontros mensais e trocas editoriais.

À toda a equipe da editora Cachalote por acolher este projeto e pela paciência com as mudanças no meio do caminho.

A todos os outros amigos, familiares e à minha terapeuta por terem me aturado falando do livro durante todos esses meses.

Ao danilo crespo que sempre enxerga os poemas que eu não escrevi.

À minha mãe, que não me deixa desistir.

A todas as pedras que catei pelo caminho.

CARA LEITORA, CARO LEITOR

A **Cachalote** é o selo de literatura brasileira do grupo **Aboio**.

Lemos, selecionamos e editamos com muito cuidado e carinho cada um dos livros do nosso catálogo, buscando respeitar e favorecer o trabalho dos autores, de um lado, e entregar a vocês, leitores, uma experiência literária instigante.

Nada disso, portanto, faria sentido sem a confiança que os leitores depositam no nosso trabalho. E é por isso que convidamos vocês a fazerem cada vez mais parte do nosso oceano!

Todas as apoiadoras e apoiadores das pré-vendas da **Cachalote**:

> — **têm o nome impresso nos agradecimentos dos livros;**
> — **recebem 10% de desconto para a próxima compra de qualquer título do grupo Aboio.**

Conheçam nossos livros e autores pelo site **aboio.com.br** e siga nossos perfis nas redes sociais. Teremos prazer em dividir com vocês todos nossos projetos e novidades e, é claro, ouvir suas impressões para sempre aprendermos como melhorar!

Embarque e nade com a gente.

Cada livro é um mergulho que precisa emergir.

APOIADORAS E APOIADORES

Agradecemos às **193 pessoas** que confiam e confiaram no trabalho feito pela equipe da Cachalote.

Sem vocês, este livro não seria o mesmo.

A todos os que escolheram mergulhar com a gente em busca de vozes diversas da literatura brasileira contemporânea, nosso abraço. E um convite: continuem acompanhando a Cachalote e conheçam nosso catálogo!

Adriane Figueira Batista
Adriane Moreno dos Reis Peixoto
Alessandra Cristina Moreira
      de Magalhães
Alex Moura
Alexander Hochiminh
Aline Ghirotti Coelho
Aline Valek
Allan Gomes de Lorena
Ana Maiolini
André Balbo
André Pimenta Mota
Andreas Chamorro
Anna Martino
Anthony Almeida
Antonio Luiz de Arruda Junior

Antonio Pokrywiecki
Any Moraes
Armando Martinelli
Arthur Lungov
Bárbara Moreira Bom Angelo
Beatriz Rocha A.
Bianca Monteiro Garcia
Bruno Coelho
Bruno de Souza Pacheco
Caco Ishak
Caio Balaio
Caio Girão
Calebe Guerra
Camilo Gomide
Carla Guerson
Carolina Paganine

Cássio Goné

Cecília Garcia

Cecília Rogers

Celso Macedo Possas Junior

Cintia Brasileiro

Cláudia A Claro

Cláudia de Oliveira Faria

Claudine Delgado

Cleber da Silva Luz

Cristina Machado

Daniel A. Dourado

Daniel Dago

Daniel Dourado

Daniel Giotti

Daniel Guinezi

Daniel Leite

Daniel Longhi

Daniel Pandeló Corrêa

Daniela Rosolen

Danilo Brandao

Denise Gals

Denise Lucena Cavalcante

Dheyne de Souza

Diogo Mizael

Dora Lutz

Eduardo Mendes

Eduardo Rosal

Eduardo Valmobida

Elaine Resende

Enzo Vignone

Evelyn Cardozo Murad

Fábio Franco

Febraro de Oliveira

Felipe Crespo

Flávia Braz

Flávio Ilha

Flora Canabrava Matorin

Francesca Cricelli

Frederico da C. V. de Souza

Gabo dos livros

Gabriel Cruz Lima

Gabriel Stroka Ceballos

Gabriela Machado Scafuri

Gael Rodrigues

Gisele Mendonça do Nascimento

Giselle Bohn

Guilherme Belopede

Guilherme Boldrin

Guilherme da Silva Braga

Gustavo Bechtold

Hélder Oliveira Ferreira

Henrique Emanuel

Henrique Lederman Barreto

Iara Fernandes Freire

Iva França

Ivana Fontes

Jadson Rocha
Jailton Moreira
Jefferson Dias
Jessica Ziegler de Andrade
Jheferson Neves
João Luís Nogueira
Jordão Pablo Rodrigues de Pão
José Henrique Calazans de Souza
Júlia Gamarano
Júlia Vita
Juliana Campos Alvernaz
Juliana Costa Cunha
Juliana Slatiner
Júlio César Bernardes Santos
Katia da Silva Acciarito
Laís Araruna de Aquino
Lara Haje
Larissa Galvão de Lima
Larissa Rumiantzeff
Laura Redfern Navarro
Leitor Albino
Leonardo Pinto Silva
Leonardo Zeine
Lili Buarque
Linneo Augusto
     dos Santos Torres Machado
Lívia Collares Cano
Lolita Beretta

Lorenzo Cavalcante
Luana Clara Simão
Lucas Ferreira
Lucas Lazzaretti
Lucas Verzola
Luciano Cavalcante Filho
Luciano Dutra
Luciene Ceccatto
Luis Felipe Abreu
Luísa Machado
Luiz Gustavo Vicente de Sá
Maíra Thomé Marques
Manoela Machado Scafuri
Marcela Alves
Marcela Lago
Marcela Roldão
Marcelo Aceti
Marcelo Conde
Marco Bardelli
Marco Motta
Marcos Vinícius Almeida
Marcos Vitor Prado de Góes
Maria Cristina Valdetaro Rangel
Maria de Fatima Laranjeira
Maria de Lourdes
Maria Fernanda Vasconcelos
     de Almeida
Maria Inez Porto Queiroz

Maria Luiza Pereira Leite
Mariana Donner
Mariana Figueiredo Pereira
Marilane Pereira Leite Ferreira
Marina Lourenço
Marina Venâncio Grandolpho
Marize Elisabeth Trizotto
Marta Lemos
Mateus Magalhães
Mateus Marques
Mateus Torres Penedo Naves
Matheus Picanço Nunes
Mauro Paz
Mikael Rizzon
Milena Martins Moura
Monique Fernandes Freire
Monique Ramalho Santos
Narayan Lima da Silva
Natalia Timerman
Natália Zuccala
Natan Schäfer
Odylia Almacave
Olivia Bruni Serrão
Olívia Vicente Pithan Burzlaff
Otto Leopoldo Winck
Paula Luersen
Paula Maria
Paulo Scott

Pedro Torreão
Pietro A. G. Portugal
Priscila Souza Costa
Rafael Mussolini Silvestre
Rafael Zacca
Renata Ettinger
Ricardo Kaate Lima
Rodrigo Barreto de Menezes
Samantha Chuva
Samara Belchior da Silva
Sergio Mello
Sérgio Porto
Suellen Carvalho da Silva Jeronimo
Thaís Campolina Martins
Thais Fernanda de Lorena
Thassio Gonçalves Ferreira
Thayná Facó
Tiago Moralles
Valdir Marte
Vanessa Leal Nunes Vieira
Weslley Silva Ferreira
Wibsson Ribeiro
William Cassemiro
Yvonne Miller

PUBLISHER Leopoldo Cavalcante

EDITOR-CHEFE André Balbo

DIREÇÃO DE ARTE E CAPA Luísa Machado

COMUNICAÇÃO Thayná Facó

COMERCIAL Marcela Roldão

PROJETO GRÁFICO Leopoldo Cavalcante

ASSISTÊNCIA EDITORIAL Nelson Nepomuceno

© da edição Cachalote, 2024
© do texto Luiza Leite Ferreira, 2024

Todos os direitos reservados. Nenhuma parte desta obra pode ser reproduzida, arquivada ou transmitida de nenhuma forma ou por nenhum meio sem a permissão expressa e por escrito da Aboio.

Grafia atualizada segundo o Acordo Ortográfico da Língua Portuguesa de 1990, que entrou em vigor no Brasil em 2009.

Dados Internacionais de Catalogação na Publicação (CIP)
Aline Graziele Benitez — Bibliotecária — CRB-1/3129

Ferreira, Luiza Leite

    O livro das pedras / Luiza Leite Ferreira. -- 1. ed. -- São Paulo : Cachalote, 2024.

    ISBN 978-65-83003-28-7

    1. Poesia brasileira I. Título.

24-236882   CDD-B869.1

Índices para catálogo sistemático:
1. Poesia : Literatura brasileira

[2024]

Todos os direitos desta edição reservados à:
ABOIO EDITORA LTDA
São Paulo — SP
(11) 91580-3133
www.aboio.com.br
instagram.com/aboioeditora/
facebook.com/aboioeditora/

[Primeira edição, novembro de 2024]

Esta obra foi composta em Adobe Garamond Pro.
O miolo está no papel Pólen® Bold 70g/m².
A tiragem desta edição foi de 150 exemplares.
Impressão pelas Gráficas Loyola (SP/SP)

A marca FSC® é a garantia de que a madeira utilizada na fabricação do papel deste livro provém de florestas que foram gerenciadas de maneira ambientalmente correta, socialmente justa e economicamente viável, além de outras fontes de origem controlada.